AF329060

QUELQUES SOUVENIRS

D'ANDRÉ AUBRUN

ÉLÈVE DE L'ÉCOLE LIBRE S.-JOSEPH DE POITIERS

J. M. J.

—

QUELQUES SOUVENIRS

D'ANDRÉ AUBRUN

ÉLÈVE DE L'ÉCOLE LIBRE S.-JOSEPH

DE POITIERS

DÉCÉDÉ LE 14 DÉCEMBRE 1883

Il a été ravi à la terre, de peur
que son intelligence ne soit pervertie au contact du monde.
(SAP. IV, 11.)

L'Ecriture nous avertit que le regard de
Dieu repose avec complaisance sur ses élus, et
que le Seigneur traite ses saints avec une
adorable miséricorde. Pour eux sont les merveilles qu'il a créées, pour eux les trésors de la
grâce, pour eux le Seigneur dispose toutes
choses dans un ordre parfait. Fortune ou pau-
vreté, joies ou tristesses, consolations pleines
de suavité ou deuils amers, rien n'arrive que
pour le bien des âmes prédestinées. L'achève-
ment de leur perfection, la consommation de leurs

1

vertus : voilà le but que Dieu veut, auquel il subordonne son action, suivant les conseils de son éternelle sagesse : *Omnia cooperantur in bonum iis qui secundum propositum vocati sunt sancti* (1).

Qu'heureuse est l'âme ainsi prévenue des faveurs d'en haut ! Qu'heureuse surtout est celle que le Seigneur a placée dans la phalange choisie, « dont l'innocence est la gloire (2) » ! Pour cette âme privilégiée, Dieu a des attentions d'une délicatesse touchante. Elle ne peut faire un pas sur cette terre sans rencontrer sa bonté paternelle qui la comble de ses étonnants bienfaits.

Le jardinier qui veut cultiver une plante étrangère multiplie autour d'elle ses soins vigilants. Il choisit le sol où elle puisera sa sève, il la protège contre les vents trop froids ou les

____

(1) Rom. viii, 28.
(2) Sap. iv, 13.

souffles trop brûlants ; il l'expose aux rayons d'un soleil plus chaud ou d'une lumière plus abondante. Son infatigable sollicitude ne néglige rien. Vingt fois le jour il vient donner à la plante qu'il affectionne son travail et sa peine.

Ainsi fait Dieu pour l'âme juste. Celle-ci n'est point de cette terre. On sent en la voyant qu'elle est faite pour une région meilleure. Il faut des soins multipliés pour qu'elle puisse vivre au milieu de nos ombres. Aussi son séjour ici-bas est-il souvent de peu de durée. Mais dans cet espace restreint la grâce surabonde. « Une longue carrière a été parcourue (1) », « l'innocence lui tient lieu de la maturité de l'âge (2). » Dieu sait trop que « les frivolités du siècle obscurcissent l'intelligence et renversent l'esprit même éloigné du

(1) Sap. iv, 9.
(2) Ibid., 12.

mal (1). » Bien vite, quand l'œuvre est achevée, quand la mesure est comble, il l'appelle. « Il l'enlève de ce monde avant que l'intelligence ne soit pervertie au contact du siècle. Cette âme lui a été agréable, c'est pourquoi il s'empresse de l'arracher aux iniquités de la terre. Les peuples voient cette conduite de Dieu sans la comprendre. Il ne leur vient point dans la pensée que la miséricorde du Seigneur est sur ses saints, et que ses regards favorables reposent sur ses élus. » *Quoniam gratia Dei et misericordia est in sanctos ejus et respectus in sanctos illius* (2).

Cette page de nos saints Livres explique tout dans la vie bien courte de l'enfant tendrement aimé que le Seigneur vient d'appeler à Lui. Montré plutôt que donné à la terre, André Aubrun n'est resté près des siens que le temps

(1) Sap. ıv, 14, 15.
(2) Ibid., 13, 14, 15.

nécessaire pour apprendre à aimer Dieu. Il n'a connu de la vie que ce qu'il fallait en savoir pour en faire généreusement le sacrifice. Prévenu de grâces d'en haut, préservé de toute influence pernicieuse, il a gardé son âme dans toute la candeur de l'innocence. On sentait, en le voyant, que Dieu l'aimait.

Sa vie fut simple : ce fut celle de tous les enfants chrétiens. Toutefois le Seigneur eut pour cette âme des délicatesses paternelles, et l'on rencontre dans cette vie de quinze ans nombre de grâces marquantes et de circonstances destinées à produire sur cet enfant de fortes et salutaires impressions. A côté des joies saintes, Dieu place les épreuves. Les siens lui sont ravis, afin que rien ne l'attache à la terre, et quand il a compris l'exil, quand il sait aimer Celui qui seul est aimable, Dieu lui sourit du haut du ciel, Dieu fait entendre sa voix ; et lui, répond à cet appel, il vient calme et content, heureux de faire la volonté du Père qui est dans les cieux.

Cette action de Dieu sur une âme prédestinée méritait d'être étudiée. Cet ensemble de grâces et d'épreuves, de joies et de tristesses, est trop touchant dans cette aimable physionomie d'enfant, pour que nous n'essayions pas d'en retracer quelque chose.

Nous avons puisé de précieux renseignements dans les récits de ceux qui l'ont aimé. Les prêtres dévoués qui ont donné leurs soins à son éducation nous ont apporté un obligeant concours dont nous aimons à les remercier (1).

Puissent ces pages trop courtes, en glorifiant Dieu, consoler une famille dans le deuil! Elles disent trop peu. Hélas ! quand la fleur est desséchée, les parfuns s'évanouissent.

(1) M. l'abbé Méon, actuellement à Cannes. M. l'abbé Thibault, directeur au collège Saint-Joseph, en 1880-1881. Le R. Père Brotelande, et le R. Père Lefloch, de la Compagnie de Jésus, professeurs à Saint-Joseph.

Heureux toutefois serons-nous si ces *Quelques Souvenirs* exhalent un arome assez doux pour embaumer les cœurs et leur rappeler les saveurs de ce ciel où l'enfant de bénédiction jouit, espérons-le, du repos éternel. *Justus si morte præoccupatus fuerit, in refrigerio erit* (1).

(1) Sap. IV, 7.

I

André Aubrun naquit à Poitiers, le 27 octobre 1868.

Tout devait sourire autour de son berceau. Cet enfant était la première bénédiction accordée à une union que tout contribuait à rendre heureuse. Sur cette tête chérie deux familles concentraient leur bonheur et leurs espérances, et deux noms également respectés s'entrelaçaient pour lui former une couronne d'honneur. Hélas ! les joies seront de bien courte durée !

André fut baptisé à l'église de Notre-Dame et placé sous la garde de la sainte Vierge. Dès ses plus jeunes années, les soins les plus délicats furent donnés à son âme, et firent se développer les grâces reçues au baptême. Une mère pieuse, une tante dévouée, se disputèrent, avec la joie de le couvrir de leurs caresses, le bonheur d'implanter dans son cœur les germes de toutes les vertus chrétiennes. Avec quelle attention ne cherchait-on pas à éveiller en lui des sentiments qui ne devaient être que pour Dieu ! Combien on se réjouissait, quand il avait pu bénir le nom de l'enfant Jésus, ou envoyer ses naïfs baisers à la Vierge bien-aimée !

Á mesure que se développait l'intelligence, les pieuses leçons se multipliaient ; et l'enfant, comme une cire molle, se laissait façonner et se modelait sur les anges visibles à qui le Seigneur l'avait confié. A cette école, André a puisé la foi très vive qui a été le caractère distinctif de sa vie.

Souvent, on conduisait l'enfant à Notre-Dame. C'est là qu'il bégayait ses premières prières et apprenait à tracer sur son front le signe du chrétien. C'était plaisir de le voir, au moment de l'adoration, croisant les mains, fermant les yeux, inclinant la tête et prenant les poses d'une âme profondément méditative. Parfois, quand il avait à peine trois ans, il accompagnait sa tante dans les stations du Chemin de la Croix. Il s'agenouillait près d'elle, imitait la récitation des prières, regardait les images pieuses, ne trouvant jamais les méditations trop longues ou les stations trop multipliées. Avouons que ce petit adorateur n'était pas sans attirer là plus d'un regard charmé ou plus d'un sourire ami.

Il avait six ans quand on lui fit faire son premier pèlerinage à Lourdes. Sa raison précoce put, dès cet âge si tendre, comprendre quelque chose de cette grande grâce. Il garda mémoire de ce premier séjour à la grotte de Massabielle, et en parla souvent comme d'une date précieuse. Sans doute la Vierge immaculée dut répandre ses grâces de choix sur cette âme encore dans la fraîcheur de l'innocence et renouveler pour elle les sourires adressés jadis à la bergère des montagnes. Bien certainement Dieu disposait tout pour faire briller dans cette raison naissante les premières lueurs de la foi, qui se changeront bientôt « en clartés plus vives, jusqu'à ce que vienne la splendeur du plein jour » (1).

Le Seigneur, en effet, le destine au ciel. Il ne tardera pas à lui faire sentir les tristesses de la terre.

La mort avait déjà fait des vides autour de lui. Monsieur Paul Aubrun, son père, fut enlevé à l'affection des siens, à l'âge de 29 ans, le 12 juin 1871. André n'avait que deux ans et demi. Sa mère, après une longue maladie, quitta cette vie le 12 janvier 1875, également à l'âge de 29 ans. André, alors dans sa septième année, put comprendre qu'il

(1) Prov. IV, 18.

était orphelin. Le souvenir que l'enfant garda de sa mère fut celui d'une pauvre malade étendue sur un lit de souffrances. C'est là près de ce lit qu'André venait recevoir des baisers qu'il rendait avec un affection bien tendre. « Oh ! s'écriait-il souvent, que ma petite mère est belle ! »

Un jour, revenant du Pensionnat des Frères dont il suivait alors les classes, l'enfant vit des larmes sur tous les visages. Un triste et mystérieux silence était gardé autour de lui. André demanda sa mère, surpris qu'on ne le conduisît plus à ce lit où tant de tendresses lui avaient été prodiguées. — «Mon enfant, lui fut-il dit, ta bonne mère est avec le bon Dieu. » — Ce fut une explosion de larmes et de sanglots. — «Je veux, s'écriait-il, je veux aller au ciel avec maman ! » Pauvre orphelin, aller au ciel ! On peut dire que ce sera là le cri de toute sa vie. Il ne s'attachera jamais à la terre.

André fréquentait depuis l'âge de cinq ans les écoles des Frères. D'une intelligence vive et pénétrante, d'un caractère très doux et en même temps très éveillé, il avait gagné l'affection de ses maîtres et de ses camarades. Ayant une mémoire très heureuse, il apprenait sans effort et comme en se jouant des poésies, qu'il déclamait ensuite avec une grâce charmante. On se souvient d'une soirée dans laquelle André parut transformé en prédicateur. Le discours fut si aimable, la parole si vive et si aisée, le geste si gracieux, que tous les suffrages furent enlevés. Le succès valut à l'orateur une inondation de caresses et une avalanche de gâteaux.

Cette nature était très gaie et tout à la fois réfléchie. A mesure qu'André grandissait, on retrouvait en lui un mélange d'une grande candeur et d'une maturité précoce. A côté des naïvetés de l'enfance, il laissait voir assez souvent des pensées et des réflexions d'un autre âge. Il regardait, remarquait, mais surtout questionnait. Les *pourquoi* étaient innombrables sur ses lèvres. Il n'avait de repos que quand il s'était rendu compte de ce qui avait attiré son attention. Raconter ensuite ce qu'il avait vu, y mêler des saillies spirituelles, était son grand bonheur. Le soir, au repas de la famille, son babil devenait intarissable. Il savait glisser son mot, raconter son histoire, faire ses réflexions piquantes, et avait le secret de trouver grâce devant tous. D'une complexion très frêle et d'une santé très délicate, il avait horreur pour toute espèce de nourriture. Il suppléait à son défaut d'appétit, en gazouillant comme un oiseau ; tellement que l'autorité des grands-parents devait souvent s'interposer. On entendait alors cette parole qui revenait à tout instant comme un refrain obligé : « André, mange et tais-toi ». — L'enfant obéissait, mais ce n'était pas pour longtemps. L'oiseau reprenait son ramage. Désarmé, on ne pouvait que sourire devant les traits du malicieux lutin.

D'ailleurs rien que de bon, rien que d'innocent dans ce cœur d'enfant. Comment pouvait-il en être autrement ? Les exemples qu'il avait sous les yeux, les préceptes qui lui étaient inculqués ne pouvaient faire naître en son âme que des pensées droites et des aspirations chrétiennes. « Je serai prêtre un jour », aimait-il à dire souvent : et cette parole était si fréquemment sur ses lèvres que parfois, dans l'intimité de la famille, on lui donnait le titre de Monsieur l'abbé. André savait se montrer très honoré d'une telle qualification.

A Cannes, où il passa plusieurs hivers, il rencontrait dans la maison de sa tante une jeune enfant de son âge, que le Seigneur a depuis également ravie à l'affection des siens. Marie Malot était, comme lui, une délicate petite fleur d'innocence, prévenue des dons de la nature, et à qui le bon Dieu avait donné une piété d'ange. Souvent au salon les conversations allaient leur train. Dans le cercle des personnes amies on devisait, on entassait projets sur projets, et fréquemment les noms des deux enfants furent montrés dans l'avenir associés l'un à l'autre. Mais que de fois André renversa tous les plans ! S'érigeant en prophète, d'un mot il décernait à Marie le voile de Religieuse, pendant qu'il annonçait pour lui-même l'ordination sacerdotale.

Depuis la mort de sa mère, l'enfant était revenu près de son grand-père M. Aubrun. Celui-ci habitait Poitiers pendant l'été. L'hiver, il allait chercher pour sa famille un climat plus doux, soit à Hyères, soit à Cannes. L'orphelin trouvait près du nouveau soutien de son enfance des affections précieuses et un dévouement éclairé, dont sa jeune âme devait profiter beaucoup.

M. Aubrun était le type de l'homme de bien, à l'âme droite et loyale, au caractère très doux, et aux convictions profondément chrétiennes. Dans la gestion des intérêts si nombreux qui lui étaient confiés, il apportait, comme notaire, une prudence consommée, une obligeance qu'on ne lassait jamais, mais surtout une délicatesse de conscience poussée aux extrêmes limites. De là la grande estime dont il jouissait près des hommes de toutes classes. De là le souvenir de qualités exquises qui forment une auréole d'honneur autour de sa mémoire. *Dilectus Deo et hominibus, cujus memoria in benedictione erit* (1).

Dans sa vie intime c'était l'homme affable par excellence, toujours bon, toujours prêt à se dévouer pour les autres. Pour les siens il fut le modèle des époux et l'idéal du père, couvrant ses enfants de ses tendresses multipliées, et leur prodiguant ses soins avec une affection qu'on ne saurait dépeindre.

(1) Eccli. xlv, 1.

Chrétien, il apportait dans ses rapports avec Dieu la délicatesse d'âme qui le faisait tant aimer sur la terre, et il savait par l'exemple et par la parole inculquer aux autres la foi vive, la droiture entière qui animaient toute sa vie.

Quand cet enfant lui fut confié, il le considéra comme un dépôt sacré dont il aurait à rendre compte un jour. Il avait compris quelle grande chose est l'éducation chrétienne. Cet enfant devint donc l'objet de ses constantes préoccupations. Avec quel soin il veillait sur lui, présidant lui-même à ses premières études, le conduisant aux classes, se constituant son ange gardien de tous les instants ! André se sentait aimé de cet aïeul si admirablement bon et lui rendait en respect et en vénération tout ce qu'il en recevait.

Pouvons-nous ne pas laisser entrevoir ici les bontés vraiment maternelles d'une tante qui n'a rien plus aimé sur terre que l'aimable enfant ?

André vivait donc dans une atmosphère toute sainte. La plante croissait dans une bonne terre. Elle ne pouvait promettre que d'heureux fruits.

Le bon Dieu ne veut rien épargner, d'ailleurs, pour combler cette âme privilégiée.

M. Aubrun conduisit André à Lourdes, à plusieurs reprises, pendant les années 1874, 1875, 1876, et à chaque voyage on y fit des séjours assez prolongés. La famille revenait là comme vers une terre de promission où le cœur se console, où l'âme se repose heureuse et fortifiée.

André avait un vif attrait pour ces pèlerinages. Chaque jour son bonheur était de venir à la grotte, et de s'agenouiller devant la Vierge des montagnes. Il récitait avec les pèlerins toujours nombreux les invocations que l'on dit là-bas avec tant d'ardeur, cette Salutation angélique qui forme près du Gave un murmure incessant et un éternel refrain.

Et en effet quel lieu plus saint pour impressionner l'âme que ce petit coin de terre, que cette vallée délicieuse dont Marie a pris possession ! Qui oubliera la grotte où Marie est venue sourire, et le Gave roulant ses flots pleins de fraîcheur et d'harmonie ? Rien n'égale cette douce impression de recueillement, de repos et de bonheur dont on se sent l'âme pénétrée, dès qu'on touche du pied cette terre bénie. « On rencontre ailleurs des torrents plus écumeux, des cavernes plus pittoresques, des prairies plus riantes, des forêts plus profondes, une nature plus silencieuse ; et cependant on n'éprouve pas le charme du même saisissement. N'est-ce pas qu'ici aux mystiques parfums dont on est embaumé, on se sent plus rapproché qu'en cent autres lieux de la tendresse et du regard de la divine Mère (1) ? »

(1) Mgr Plantier, *OEuvres*, t. viii, p. 341.

Une journée à Lourdes, c'est une journée de joies toutes surnaturelles. De quels spectacles on est l'heureux témoin ! Messes nombreuses, communions que l'on compte par milliers, paroles ardentes des prédicateurs, prières suppliantes autour des piscines, malades guéris, processions qui arrivent en longs cortèges , pèlerinages qui s'arrachent avec peine à ce lieu béni où l'on voudrait demeurer toujours, processions du soir avec leurs festons de lumières, et ce cantique qui s'échappe de toutes les poitrines : *Ave, ave, ave, Maria.* Quel prélude aux fêtes du ciel !

André voyait chaque jour ces émouvantes manifestations, il en faisait sa vie et en savourait les surnaturelles jouissances.

A Lourdes, M. Aubrun était en relations avec Mgr Peyramale. Souvent André put voir et entendre cet homme privilégié qui avait eu le bonheur de recevoir un message du ciel et d'accomplir les ordres divins. Les miracles éclatants de la roche Massabielle durent être plus d'une fois racontés en sa présence par une bouche si autorisée.

N'oublions pas un autre ami de la famille, M. l'abbé Martignon, autrefois archiprêtre d'Alger. On a lu avec attendrissement le récit de M. Henri Lasserre (1), d'après lequel le pieux chanoine, qui s'était constitué le pèlerin à demeure de la grotte, fit l'abandon généreux des grâces sollicitées pour lui, en faveur d'une mère de famille venue là pour implorer sa guérison (2). « On se rappelle, dit l'histo-

(1) Voir : *Les Episodes miraculeux de Lourdes,* par M. Lasserre.

(2) La sainte Vierge exauça sa prière. Pendant une messe célébrée par le pieux chanoine, Madame Guerrier fut soudainement guérie. — M. Martignon devait rendre à Poitiers même sa belle âme à Dieu. Il était venu se reposer quelques jours auprès de son digne ami, M. Aubrun. C'est là que la mort vint le surprendre et que le bon Dieu vint donner la récompense due à son généreux sacrifice. Il décéda pieusement le 27 mai 1878.

rien de N.-D. de Lourdes, ce prêtre encore jeune, à longne barbe blonde, au regard vif et doux, au visage distingué... Malade, il se faisait la providence des malades, employait à consoler les affligés le souffle de sa voix éteinte. » Il se trouvait heureux de demeurer en ce coin de la terre où la Reine du ciel avait posé ses pieds, et de respirer cette atmosphère sacrée. « Si la sainte Vierge ne me guérit pas, disait-il gaiement en commençant une neuvaine, je suis résolu à faire une neuvaine d'années, et puis encore une neuvaine de siècles ; mais après cela je m'arrête... (1). »

C'est entre de tels hommes que notre heureux André grandissait et formait sa belle âme. L'enfant apprenait à une telle école et la puissance admirable de Dieu et la souveraine bonté de sa mère.

____

(1) *Les Episodes,* etc., p. 287.

ll était donc bien vrai que le regard du Seigneur reposait avec complaisance sur son élu. En peu de temps, celui-ci aura beaucoup vu et beaucoup appris.

Dieu voulait mieux encore.

Après Lourdes, il y a un autre nom, qui fait tressaillir les cœurs catholiques, il y a un autre centre, vers lequel affluent de tous les points de l'univers la foi, l'espérance et l'amour : c'est Rome !

Rome ! que ce nom dit de grandes choses ! C'est la ville sainte, le siège vivant et permanent de la lumière, de la grâce et de l'autorité du Christ ! Rome, c'est l'âme de l'Eglise, car « là où est Pierre, là est l'Eglise » (1). C'est le pivot autour duquel s'accomplissent toutes les grandes évolutions de l'humanité et de l'histoire !... Rome, c'est la ville aux impérissables souvenirs, le grand reliquaire

(1) St Ambroise.

du monde! Rome! ah! que ce mot éveille de pensées dans l'âme catholique qui vit de son baptême!

Chrétien éclairé, M. Aubrun comprenait tout cela. Aussi voir le tombeau de saint Pierre et le grand Pontife du Vatican avait toujours été un de ses grands désirs. Il partit donc en Février 1877. André, qui avait alors près de neuf ans, accompagna son grand-père et sa tante. L'enfant privilégié de la sainte Vierge devait être béni par Pie IX, le Pape de l'Immaculée Conception.

Avant tout, ce que l'on voulait voir, c'était Rome!

Les voyageurs visiteront au retour la Santa Casa de Lorette, Assise, la ville franciscaine, Florence, Bologne, et les villes du Nord de l'Italie; mais tout d'abord ils avaient hâte de connaître et d'admirer la Ville Éternelle.

(1) Thren. I, 4.

A cette époque, Rome n'était plus la ville glorieuse des grands jours avec ses triomphes imposants et ses pompes solennelles. Depuis que l'envahisseur foule d'un pied sacrilège les rues de la cité sainte, on y pourrait faire entendre les accents désolés de Jérémie pleurant sur Jérusalem : *Viæ Sion lugent.* Toutefois, même avec son aspect de tristesse, Rome n'a pas cessé d'être grande, d'être belle. C'est une reine dont le deuil rehausse la dignité.

Dans Rome il y a saint Pierre, il y a le Vatican, il y a le Pape.

La famille visita successivement les basiliques, les catacombes, et tous les grands souvenirs de la cité chrétienne. Elle admira les beautés artistiques, mais surtout les merveilles religieuses. Le voyage était un pèlerinage. André recevait de son aïeul vénérable toutes les explications nécessaires pour mettre à sa portée les grands spectacles qu'offre la Ville Éternelle. L'enfant, avec sa vive intelligence, profitait de tout, et s'imprégnait de cette atmosphère catholique que l'on respire à Rome par tous les pores, et qui est un aliment si fortifiant pour la vie intellectuelle et morale du chrétien.

Après avoir vénéré saint Pierre à son tombeau, il fallait le voir vivant et contempler sur son trône cette majesté si haute et si douce qui s'appelle le Pape, cette belle et grande figure qui alors s'appelait Pie IX.

On a décrit cent fois ces audiences mémorables, où la vue de Pie IX laissait dans l'âme des impressions ineffaçables. On a dépeint cette grandeur sans égale, unie à la bonté du meilleur des pères. Tous ceux qui ont pu courber leur tête sous la main bénissante du Pontife se rappellent ce beau vieillard debout à son trône, le regard étincelant, la parole vibrante, qui faisait tressaillir tous les cœurs. Ou encore on aime à se représenter Pie IX parcourant les salles de son palais, ou les *Loggie* de Raphaël, s'arrêtant à chaque groupe de pèlerins agenouillés, disant à tous des paroles de consolation et d'encouragement. Quand on avait le bonheur de tenir serrée cette main qui soutenait le monde, quand on pouvait la couvrir de ses baisers, on se sentait heureux, on ne craignait pas. On écoutait, on parlait cœur à cœur, comme l'enfant avec son père. Et Pie IX savait si bien entendre, si bien répondre, si bien saisir les âmes ! C'est de lui qu'on a dit : *Qui videbat summi sacerdotis vultum, mente vulnerabatur*. « Nul ne pouvait regarder le visage du Grand-Prêtre sans être blessé jusqu'au cœur » (1).

« A part la présence réelle de Jésus-Christ dans le sacrement eucharistique, dit le Cardinal Pie, rien ne nous fait sentir et toucher de plus près la personne du Sauveur que la

______

(1) II Mach. III, 16.

vue de son Vicaire en terre. Pour moi, je n'ai jamais gravi les degrés qui conduisent à sa demeure ou à son trône que tout haletant de cette émotion mêlée de crainte, de respect et d'amour que l'on éprouve en s'approchant du tabernacle. Là, en effet, est la plus haute réalité du pouvoir divin ici-bas, la plus haute source de l'autorité spirituelle, et là aussi est le plus abondant trésor d'amour, la plus riche effusion de charité. Ah ! comme le Pasteur souverain est bien justement appelé de ce nom de Pape ou de Père ! L'homme le moins religieux, quand il se trouve en présence du Pontife romain, reconnaît aussitôt dans cette parole, dans cet accent, la parole, l'accent d'un père. »

Père, Pie IX l'était tout particulièrement pour les diocésains de Poitiers. Le nom de Monseigneur Pie revenait souvent sur les

(1) Card, Pie, *OEuvres*, t. II, p. 533.

lèvres du Pasteur de tous les fidèles. Avec ce nom du grand évêque on était sûr d'être bien accueilli au Vatican.

Grâce à ce premier appui, et aussi à la bienveillance particulièrement dévouée de Son Exc. Mgr Mercurelli, secrétaire pour les Brefs *ad Principes*, les pèlerins eurent facilement le bonheur de voir le Saint-Père.

Pie IX écouta les pieuses demandes. Il parla de Poitiers, et de son grand et vaillant docteur. Le Pape se montra d'une bonté toute paternelle pour chacun de ceux qui étaient là, mais surtout il couvrit de ses caresses notre heureux André. L'enfant était ravi. Pour M. Aubrun, sa joie fut si vive et son émotion fut si grande, qu'il ne put que fondre en larmes.

Cet exemple d'une foi si ardente, d'un cœur si chrétien, fut une précieuse leçon pour André.

Il avait vu le Pape, Pie IX l'avait béni. Tout

avait contribué à lui faire comprendre ce que contenait cette grande vision.

Dieu ne ménageait donc rien pour l'enfant privilégié. Il ajoutait grâces sur grâces, enseignements sur enseignements. Ainsi conduit-il avec une bonté incompréhensible les âmes qu'il veut plus particulièrement sanctifier.

A dix ans, André Aubrun avait déjà beaucoup vu. Il savait beaucoup. Il parlait d'une multitude de choses avec une intelligence qui étonnait. On était surpris de retrouver dans son langage d'enfant le sens catholique, le sens romain qui ne se rencontre que dans les âmes éclairées.

Dieu lui réserve de plus grands bienfaits.

II

L'âge de la première communion approchait. Cette grande grâce sera accordée à André dans des conditions exceptionnellement heureuses.

Déjà il avait suivi pendant quelques mois à Poitiers le catéchisme préparatoire dans l'église de Notre-Dame. C'est à Cannes, pendant l'hiver de 1879, que se fit la préparation plus immédiate. André y fréquentait le collège Stanislas. Pour l'étude du catéchisme, M. Aubrun le confia aux soins de Monsieur l'abbé Méon, dont le zèle et la piété sont bien connus à Cannes. Ce dernier s'attacha à l'enfant avec l'ardeur d'un vrai dévouement et la bonté d'une âme toute sacerdotale.

« Dès l'année qui précéda sa première communion, nous écrit M. Méon, André nous laissait entrevoir son bon cœur, son heureux caractère, son jugement droit et son intelligence vive. Esprit actif et pénétrant, il était avide d'apprendre. Il aimait beaucoup la lecture ; quand à haute voix il lisait pour d'autres, il savait émailler sa lecture de réflexions spirituelles, parfois mordantes. Mais la malice enjouée de son esprit ne nuisait pas aux qualités de son cœur. En lui la finesse d'esprit et la bonté d'âme s'harmonisaient à merveille. Toujours il s'efforçait d'allier aux saillies trop naturelles les attentions les plus délicates de la charité. »

Ces dons de la nature, joints à ceux de la grâce, préparaient admirablement André au grand événement de sa vie

Au catéchisme, il répondait avec une remarquable subtilité d'esprit. En même temps, à mesure qu'il avançait dans la connaissance de nos dogmes, la foi devenait en lui plus vive et l'amour de Dieu plus ardent. « Son âme s'attendrissait facilement, nous dit son pieux maître, quand on lui parlait du grand amour de Notre-Seigneur pour les hommes et de l'ingratitude dont il est si souvent abreuvé. Dans sa candeur et sa naïveté toute innocente, il avait peine à comprendre comment l'homme peut ne pas ardemment aimer un Dieu si bon et si condescendant.

« Au seul mot de première communion, son regard prenait une expression de vif désir et de joie intime. On sentait que là tendaient les plus vives aspirations de son âme, les plus fortes affections de son cœur. » — Cette soif du plus riche de tous les biens, cette pensée du grand jour devenaient, en effet, sa première, ou mieux son unique préoccupation.

Pour se mieux préparer, il se confessait très fréquemment, ne trouvant jamais son âme assez pure. « C'était, disait-il, afin de faire meilleures ses communions spirituelles. » Il trouvait dans cette pieuse pratique un avant-goût de la communion Eucharistique.

Dans ce même but, il s'adressait souvent à la sainte Vierge, qu'il regardait comme sa mère. Il avait un si vif souvenir de tout ce que la Reine du ciel avait fait pour lui ! Ses pèlerinages à Lourdes, sa première confession faite à N.-D. des Victoires trouvaient souvent place dans ses récits. Marie Immaculée devait lui accorder encore, et il le lui demandait chaque jour, la grâce de faire une bonne première communion.

Il offrait, pour mieux disposer son âme, son travail, ses jeux et ses petites mortifications. Nous avons dit son travail, et ce n'était pas une mince offrande que le travail pour ce tempérament délicat et fragile. Une application très soutenue, une ardeur opiniâtre surpassaient évidemment les forces de cette nature frêle, pour laquelle des soins excessifs, des précautions infinies étaient nécessaires. Aussi, tout en s'assimilant facilement ce qu'il voyait ou entendait, il avait grand'peine à fixer longuement son attention et à surmonter les difficultés par des efforts persévérants. Parfois même le jeune écolier s'attardait à la tâche; mais. le mot de première communion devenait l'arme employée dans le combat et souvent le signe de la victoire.

A l'étude du vieux Lhomond, aux charmes contestés qu'offrent à toute imagination naissante *Rosa* ou *Dominus*, André préférait, avouons-le, le magnifique panorama qui se déroulait sous ses fenêtres. Les palmiers et les orangers en fleurs, les flots étincelants de la Méditerranée, ou même simplement les trains qui passaient à toute vapeur à peu de distance : tout cela attirait plus aisément son regard que les pages de la grammaire. Mais l'ange gardien murmurait tout bas le mot

bien connu de première communion… Bien
vite la fenêtre se fermait, André reprenait la
plume. Les oiseaux pouvaient chanter, la loco-
motive pouvait siffler, André se mortifiait pour
Jésus-Eucharistie et reprenait sa tâche avec
une nouvelle ardeur.

Plus le temps marchait, plus cette première communion devenait l'objet de ses pensées. Chaque jour amenait avec lui des pro-
grès plus marquants, une obéissance plus
prompte, une douceur plus grande, mais surtout une plus ardente ferveur. Déjà les communions spirituelles ne suffisaient plus à ce
cœur si aimant et si pur. Son instruction religieuse d'ailleurs s'était très suffisamment
perfectionnée, et son confesseur jugeait son
intelligence assez éclairée, son cœur assez
saintement avide de la divine nourriture pour
désirer avec lui que le grand jour ne fût pas
trop différé.

Dieu lui-même intervint pour hâter l'approche de cet heureux moment. L'Agneau qui paît parmi les lis devait s'empresser de venir à cette âme candide.

Hélas! l'enfant parvint plus vite au terme de ses désirs, à l'occasion d'un deuil cruel ajouté à tant d'autres dans une famille très éprouvée.

Une maladie aussi soudaine que rapide enleva à l'affection des siens le guide si sûr du jeune orphelin. M. Aubrun mourut à Cannes, le 18 janvier 1880. Il laissait sa fille qui l'avait tant aimé, et qui n'avait plus rien pour la rattacher à la terre que son André.

Une perte si douloureuse devait trouver ici-bas de précieuses sympathies, et au ciel de consolantes faveurs. Le Cardinal Pie, dont la grande âme comprenait toutes les peines, écrivait, dès le 22 janvier, à Mademoiselle Aubrun : « Je compatis de tout mon cœur au « malheur qui vous frappe si subitement. « Heureusement le bon Dieu a mis pour vous

« la consolation à côté de l'épreuve. Nous
« prierons tous pour la prompte entrée de cette
« âme dans la félicité sans fin. La terre est si
« triste à habiter présentement qu'il fait bon
« s'en aller vers un séjour meilleur ! » —
Ces dernières paroles sous la plume du grand
évêque étaient-elles un présage du malheur
qui vint frapper au cœur, quelques mois plus
tard, l'Église de Poitiers ?

Cette marque d'intérêt donnée par le Cardinal devait être suivie de plusieurs autres dont
André se réjouira beaucoup.

Depuis plusieurs semaines, Mademoiselle Aubrun était tout entière à sa grande douleur,
concentrant désormais toutes ses affections
sur l'unique trésor qui lui restait. Le Seigneur,
« qui est près de ceux qui souffrent (1) », en-
voya un rayon de lumière, un éclair de joie,
au milieu de si sombres tristesses. Un jour,

(1) Ps. XXXIII, 19.

en effet, il fut possible de dire : « Nous irons à Rome. — Il n'y aura rien de plus beau que la première communion d'André. C'est des mains de Léon XIII que l'enfant communiera ».

Dans le cercle des amis, il y eut bien de çà et de là quelques avis partagés. On voyait de plusieurs côtés des difficultés très grandes, des obstacles insurmontables. « C'était une faveur exceptionnelle que le Saint-Père n'accorderait pas. »

Mais Dieu l'avait voulu. Forte de la haute bienveillance du Cardinal Pie, qui partait alors pour Rome, encouragée dans son dessein par M. l'abbé Bernaud, curé de N.-D. de Poitiers, comptant à bon escient sur l'appui de Mgr Mercurelli, Mademoiselle Aubrun pouvait tout espérer. Le départ fut donc définitivement fixé à une date assez rapprochée.

On se hâta d'achever la préparation d'André. Les instructions se multipliaient, les confessions étaient plus fréquentes. L'enfant lui-même redoublait d'efforts, comme s'il eût pressenti les grandes choses qui se préparaient, et qu'il ignorait encore. Quand on lui annonça le prochain voyage, André qui aimait tant Rome, et qui en parlait si souvent, André demeura triste et pensif. Puis enfin, avec un accent de regret, il fit cette réponse : « Revoir Rome, c'est bien « bon, mais c'est trop tôt. Vous irez, vous, à « la messe du Saint-Père, vous communierez « de sa main ; et moi, qui n'ai pas fait ma « première communion, je n'aurai pas ce « bonheur ! » — Heureux enfant ! Quelle consolation lui est réservée !

On partit donc le 6 avril 1880. Dès l'arrivée, André recevait, avec la bénédiction du Cardinal de Poitiers, des paroles d'espoir. « D'ailleurs, ajoutait Son Eminence, si ce n'est pas le Saint-Père, ce sera moi qui ferai faire à l'enfant sa première communion. » — Le lendemain même, le Pape répondait par Mgr Mer-

curelli, dont l'obligeance n'a jamais su se las-
ser, que le dimanche 11 avril l'enfant ferait
sa première communion de sa propre main, au
Vatican, et que sa famille et ses amis pourraient
y assister et communier à côté du jeune orphelin.

C'était le comble du bonheur. Tous les vœux
étaient exaucés. Quand l'heureuse nouvelle fut
annoncée à André, il fut si ému, si transporté,
qu'il ne put proférer une parole, et qu'il fondit
en larmes. La première communion, l'objet
de tous ses rêves, il allait la faire bientôt, et
des mains de Léon XIII !

C'était le jeudi 8 avril, et la cérémonie était
fixée au dimanche suivant. André fut mis immé-
diatement en retraite. Un Religieux Dominicain
de la Minerve se chargea du soin de cette petite
âme, et partagea avec M. Méon, qui avait
accompagné l'enfant à Rome, l'œuvre de la
préparation dernière.

André ne sortait plus, préparait sa confession,

priait avec ferveur et disposait son âme avec
une piété digne des grandes choses qui allaient
s'accomplir. Ces trois jours furent bien longs
pour l'ardeur de son désir et pour la soif de son
âme !

Enfin le 11 avril arriva. Le matin, à sept
heures, l'enfant, accompagné des siens, entrait
au Vatican. Son cœur battait bien fort quand
il traversait les longues galeries et gravissait
les degrés qui mènent aux appartements ponti-
ficaux. A cette heure matinale, tout est calme et
silencieux dans l'immense palais. Partout dans
les grandes salles désertes règne une atmosphère
de recueillement et de prière. André gardait le
silence. Il se préparait aux joies du Cénacle.

On fut bientôt introduit dans la chapelle
domestique du Pontife. Cette chapelle est
d'une simplicité noble et grandiose tout à la
fois, comme tout ce que l'on admire au Vatican.
Un autel surmonté d'un tableau de maître, au

pied de l'autel le prie-Dieu du Saint-Père. Une porte à deux battants fait communiquer le sanctuaire avec une salle où se tient l'assistance. D'ailleurs là on ne remarque rien, on ne voit rien, si ce n'est le Pape.

Quel lieu pour se recueillir et pour prier ! Que ce petit oratoire porte bien aux saintes émotions !

C'est là que Jésus et son Vicaire se rencontrent chaque jour, qu'ils se parlent cœur à cœur, qu'ils s'immolent tous deux pour l'Eglise et pour le monde ! Cette étroite chapelle contient ces deux puissances, ces deux saintetés, ces deux amours, Jésus-Christ et le Pape !

O petite chapelle du Saint-Père, si tu pouvais parler, quels épanchements, quelles harmonies, quels douloureux et tendres mystères, quelles prières ferventes et magnifiques tu nous redirais! Tu nous dirais les joies du Cénacle, hélas! et les tristesses de Gethsémani ! C'est là que sont venues tour à tour toutes les merveilles de sainteté qui se sont succédé sur le siège de Pierre ! C'est là que Pie IX intercéda pour le monde ! C'est là que ce Pape immortel a connu les déchirements de l'amour meurtri par l'ingratitude , là qu'il accepta le Calvaire comme l'avait fait Jésus-Christ ! C'est là enfin que Léon XIII puise le calme intrépide qu'il sait garder au milieu des tempêtes de l'heure présente !

Le Pontife arriva bientôt, il bénit les fidèles présents, et, la préparation achevée, le saint sacrifice commença.

Une quarantaine de personnes composaient l'assistance. André était au premier rang, pénétré de respect et recueilli comme un ange. Les regards s'arrêtaient volontiers sur cet enfant au visage si pur, à la prière si ardente, dont le brassard blanc symbolisait la pureté d'une âme plus blanche encore.

C'était, ce jour-là, le dimanche du Bon-Pasteur et la fête de saint Léon le Grand, dont le Pape porte si glorieusement le nom.

Comme les paroles que chante l'Eglise à la messe de ses Docteurs conviennent bien à celui qui siège maintenant sur le trône infaillible ! « *In medio Ecclesiæ aperuit os ejus; et implevit eum Dominus spiritu sapientiæ et intellectûs; stolam gloriæ induit eum :* Au milieu de son Eglise, le Seigneur lui a ouvert la bouche; il l'a rempli de sagesse et d'intelligence, il l'a revêtu de la robe de gloire. » Léon XIII, en effet, c'est le Pontife de la doctrine, l'homme du haut savoir et de la sagesse profonde. Le Pape récitait avec une émotion visible les belles prières du Missel. A l'Évangile, quand il lut la sublime page des grandes promesses faites par le Christ à saint Pierre, sa voix prit une expression animée qui faisait bien voir le fond de son âme. Il scanda chaque phrase, appuya sur chaque mot et prononça avec une force saisissante les paroles du Sauveur : *Tu es Petrus, et super hanc petram ædi-*

ficabo ecclesiam meam (1). Oui, les attaques se sont succédé, mais l'édifice bâti sur
la pierre vivante, indéfectible, n'a jamais été
ébranlé. Les assauts sont plus forts que jamais.
Le captif du Vatican le sait et demeure tran-
quille, car le Christ l'a dit : *Non prævalebunt.*

Et les assistants priaient avec le Pontife.
A sa voix émue répondaient comme un écho
fidèle tous les battements de ces cœurs chrétiens qui l'entouraient. Il est si bon de prier
avec le Pape ! C'est prier avec le Christ lui-
même. Rien de consolant, rien d'enivrant pour
l'âme catholique comme cette unité de foi et
d'amour, dont la communion eucharistique est
le vivant symbole ! « Ne formons-nous pas
un seul corps, nous qui participons au même
pain (2) ? »

Et l'enfant était abîmé dans son recueille-

(1) Matth. xvi, 18.
(2) I Cor. x, 17.

ment. Sans doute il disait, comme autrefois saint Pierre : « Seigneur, dans le monde on ne vous connait pas ; mais moi, je vous le dis : vous êtes le Christ, le Fils du Dieu vivant ! » En lui c'était l'adoration, c'était la confiance, c'était l'amour.

Les sacrés mystères s'accomplissaient. La consécration avait été faite ; le Vicaire de Jésus-Christ venait de communier... Il se retourna rayonnant, tenant entre ses mains l'Hostie vivante, la Manne des élus, le Pain du ciel. André s'approcha. Bientôt il reçut sur ses lèvres tremblantes le corps du divin Jésus.

L'enfant était au comble de ses désirs. Il possédait son Dieu.

Pourquoi essayer de décrire ce qui est indescriptible ? Il faudrait la langue du paradis pour raconter les mystères de la présence eucharistique dans l'âme chrétienne. « Alors il se passe en elle de ces choses que la parole

2*

humaine craint de profaner en les exprimant.
Comment retracer cette commotion également
douce et forte qui annonce la présence d'un
Dieu ? Des émotions indéfinissables, vives
comme des sensations, calmes comme des
idées, attestent l'harmonie ravissante de l'esprit et des sens..... On éprouve dans mille
autres circonstances les joies de la vertu, c'est
là seulement qu'on en savoure toute la vo-
lupté. Vous cherchez ensuite cet ordre de
sentiments, et vous ne le retrouvez plus. Il a
passé sur l'âme pour lui laisser entrevoir le
sens suprême de ce mot de bonheur qui appartient à une langue perdue, dont l'idiome parlé
par les enfants d'Adam ne contient plus que
les ruines (1). »

L'action de grâces se prolongea pendant
une seconde messe, à laquelle assiste ordinai-

---

(1) Mgr Gerbet, *Le Dogme générateur de la piété catho-lique.*

rement le Pape, et qui est célébrée par un de ses chapelains.

Quelle fut l'action de grâces de notre André? Sans doute tous les anges protecteurs qui l'avaient précédé dans la patrie éternelle furent, du haut du ciel, les heureux témoins de cette scène attendrissante. L'enfant ne les oublia point. Dans sa fervente prière il n'omit personne : ni son père, ni sa mère qui l'avaient quitté depuis plusieurs années, ni l'aïeul tant aimé que Dieu venait de lui ravir. Sa grand'-mère maternelle qui l'attendait pour lui consacrer son dévouement, sa tante chérie qui, agenouillée près de lui, partageait sa joie, les autres membres de la famille : tous eurent leur part de son pieux et délicat souvenir.

« J'ai demandé pour moi, disait-il ensuite, « j'ai demandé au bon Jésus la grâce d'être « prêtre un jour. » Cette prière ne devait pas être exaucée, Dieu voulait pour lui une autre faveur. Sa place était marquée, non parmi les anges de la terre, mais parmi les Chérubins du ciel.

Le Saint-Père eut pour son petit premier communiant une attention d'une bonté ravissante.

La messe d'action de grâces terminée, chacun des assistants vint s'agenouiller près du Pontife et recevoir une dernière bénédiction. André et les siens restèrent les derniers. La meilleure part devait être pour eux. Le Pape adressa à l'enfant et à ceux qui l'accompagnaient de délicieuses paroles : paroles de joie au sujet du grand jour, paroles d'encouragement et de persévérance pour l'enfant privilégié, paroles de consolations d'une ineffable tendresse à l'occasion du deuil récent. Léon XIII prolongea son entretien si paternel : il dit de ces choses qu'on ne saurait exprimer, mais qu'il faut garder dans son cœur, en répétant avec Dante :

> Parlando cose, che il tacere è bello,
> Si com'era il parlar, colà dov'era.

« C'étaient de ces choses qu'il est beau de taire, comme alors il était beau d'en parler. »

Le Saint-Père venait de donner une dernière bénédiction. Tout semblait terminé. Léon XIII se leva ; mais, soudain prenant André par la main , il le conduisit avec lui vers ses appartements particuliers. L'enfant, muet, interdit, suivait, sa main toujours dans la main du Pontife. Quel spectacle ! C'était bien là la traduction vivante de la parole du Christ : « Laissez venir à moi les petits enfants ».

Avec mille marques d'une bonté touchante, Léon XIII remit à André une belle médaille d'argent aux effigies de la sainte Vierge et de saint Joseph. Puis l'enfant fut ramené par le prélat maître de chambre jusqu'auprès des siens, qui l'attendaient émus et ravis.

On ne pouvait s'éloigner du Vatican sans entrer à Saint-Pierre. Après la réception de tant de grâces, la première marque de reconnaissance devait être la consécration d'André au service de l'Église. Dieu s'était donné, l'enfant devait se donner à son tour.

Les heureux pèlerins entrèrent donc à la basilique et vinrent se prosterner devant le marbre de la Confession. C'était bien là qu'il convenait de remercier, et de chanter le *Magnificat* de la reconnaissance. Cette basilique elle-même n'est-elle pas un hymne de triomphe, un cantique de louanges écrit en marbre et en or ? « On peut dire en toute vérité que Saint-Pierre est le *Magnificat* de l'Église catholique... De toutes les pierres, de tous les tombeaux de la basilique, il sort un parfum d'éternité. La majesté des siècles chrétiens y réside, et on croit entendre la triple voix du génie, de la puissance et de la sainteté y chanter incessamment l'éternel *Magnificat* de l'Église triomphante. (1). »

De Saint-Pierre on se hâta d'aller au Sémi-

____

(1) Marquis de Ségur. *Un hiver à Rome.*

naire français, où le Cardinal Pie bénit André ;
de là on se rendit chez Mgr Mercurelli. Une
petite fête y était préparée, elle fut toute
intime et animée d'une joie bien douce.

Il ne peut y avoir de première communion
sans la rénovation des promesses du baptême,
et sans la consécration à la sainte Vierge. A
Rome, il y a des lieux naturellement désignés
pour ces solennelles manifestations des sentiments chrétiens.

André fut conduit à Saint-Jean-de-Latran
pour renouveler les serments du baptême.
C'était bien en effet dans l'Église mère et
maîtresse de toutes les églises qu'il convenait
de réitérer ces saints engagements.

L'enfant avait puisé à bonne source une
particulière dévotion au Cœur eucharistique
de Jésus, dévotion instituée, comme on le sait,
dans le but de glorifier l'amour du Cœur de
Jésus vivant pour nous dans le plus auguste
des sacrements, et de le consoler des outra-

ges et des délaissements qu'il endure dans les saints tabernacles. André ne quitta pas la même basilique, où l'on conserve la table de la Cène, sans avoir renouvelé sa consécration au Cœur eucharistique de Jésus.

A Sainte-Marie-Majeure eut lieu la consécration à la sainte Vierge. La basilique était presque déserte. André, agenouillé devant le maître-autel, lut à haute voix les paroles qui exprimaient si bien les sentiments de son cœur. La Vierge sainte agréa cette offrande si pure. Elle dut sourire à cette âme innocente et la bénir amoureusement.

Elle lui sourit en effet, car il y eut, pour clore cette grande journée, une coïncidence toute heureuse, qu'il faut absolument noter ici.

Le soir venu, les pèlerins s'étaient proposé d'aller au Gesù assister au Salut solennel par lequel se terminait l'Exposition des Quarante-Heures. Ils arrivèrent trop tard. Mais, à quelque distance du Gesù, ils entrèrent par hasard dans une humble chapelle. Heureuse fortune ! C'était un des sanctuaires (probablement *Santa Maria delle Vergini*) où les Romains vénèrent la Madone de Lourdes. On retrouva là fidèlement représentées la fontaine, la grotte et au-dessus la Vierge radieuse des Pyrénées. Elle était bien là la Madone aux blancs vêtements, aux mains jointes, au regard céleste ! Elle était là dans l'attitude de la prière extatique, semblant écouter dans son cœur l'écho éternel de la Salutation angélique, et le murmure immense des invocations venues de la terre.

Heureux de retrouver la Vierge qu'André avait tant priée, les pèlerins s'agenouillèrent. On donnait le Salut du Saint-Sacrement. Jésus-Hostie bénit une dernière fois l'enfant prédestiné. Aux bénédictions de son divin Fils, la Madone semblait associer les sourires maternels de l'Immaculée Conception.

Les jours suivants furent consacrés à d'autres pieux pèlerinages. M. Méon célébra le saint sacrifice dans la chambre autrefois occupée par saint Stanislas Kostka au noviciat des Jésuites. André l'accompagnait, servait la messe et continuait ainsi son action de grâces dans ces pieuses stations. On alla de même à la cellule du B. Jean Berchmans, au Collège Romain, à côté d'une autre chambre qui a été celle de saint Louis de Gonzague. Sainte-Cécile, Sainte-Agnès, les catacombes les virent également. Toutes les fleurs virginales que Rome glorifie devaient embaumer cette âme déjà enivrée des parfums eucharistiques.

Le Pèlerinage national était alors à Rome. Pendant le séjour des catholiques français dans la ville sainte, il y eut un soir, pour les fêter, grand *ricevimento* dans les salons de Son Eminence le Cardinal Borromeo. André y fut conduit ; mais celui à qui le Saint-Père avait donné de si belles marques de sa bienveillance ne pouvait rester confondu dans la foule. Le Cardinal, avec une bonté exquise, le prit par la main et le présenta à l'assistance. En quelques paroles aussi vives que spirituelles, il raconta tout ce que le Saint-Père avait fait pour le gracieux orphelin. Au récit du Cardinal, les pèlerins s'empressèrent autour de l'heureux privilégié, et ne lui ménagèrent point leurs félicitations les plus sympathiques. Pour mieux honorer dans cet humble enfant la bonté paternelle de Léon XIII, on le fit asseoir à la place d'honneur, à droite du Cardinal, près de M. le vicomte de Damas, président du Pèlerinage.

Une autre grande joie devait s'ajouter aux faveurs déjà reçues.

Monseigneur Pie avait dit cette parole toute aimable : « Je regrette que l'étiquette ne le permette pas aux Cardinaux : j'aurais assisté à la première communion de ce cher enfant ». C'était bien là l'évêque dont la bonté égalait la grandeur. Il ne voulut pas remettre à plus tard la cérémonie de Confirmation.

Le 18 avril 1880, Monseigneur de Poitiers accorda cette faveur à André et ordonna prêtre un autre de ses diocésains, M. l'abbé de la Sayette. La fonction eut lieu à *Santa Chiara*, au Séminaire Français.

Cette cérémonie fournit au Prélat l'occasion de prononcer une nouvelle homélie, nourrie, comme tant d'autres, de la doctrine la plus élevée. « Que ne pouvons-nous rendre ici le son de cette parole tour à tour si douce et si énergique, ce geste si sobre et si digne, ce grand air de noblesse et de mansuétude qui font de cet évêque l'une des grandes figures de notre temps (1) ! » M. de la Sayette conserve comme un précieux souvenir le dessin de ce discours écrit de la main même du grand Cardinal. L'homélie avait pour texte ces paroles

____

(1) Correspondance de l'*Univers* du n.ême jour.

de Notre-Seigneur : *Omni autem, cui multum datum est, multum quæretur ab eo* : « A quiconque il aura été beaucoup donné, il lui sera demandé beaucoup (1)».

« S'il est vrai, disait Mgr Pie, qu'il soit
« demandé beaucoup à celui à qui il aura été
« donné beaucoup, que sera-ce donc de celui
« auquel tout aura été donné ? Or, dans les
« trésors surnaturels, il est un don au-dessus
« duquel il ne se trouve pas d'autre don, dans
« l'échelle des divines ascensions, il est un
« degré au-dessus duquel il ne se trouve pas
« d'autre degré. » Le don précieux, c'est le mystère de l'adoption divine. Il commence en nous au Baptême, il est développé et perfectionné par la Confirmation, et enfin, dans les élus de Dieu, le Sacerdoce est ce degré au-dessus duquel il ne se trouve pas d'autre degré.

La vie que reçoit le baptisé n'est plus une

(1) Luc, XII, 48.

vie humaine, c'est une vie divine, c'est la vie communiquée du Verbe fait chair. A cette première grâce peut être ajoutée une seconde empreinte divine et surnaturelle. La main du pontife succède à celle du prêtre, et par un second attouchement sur ce front naguère mouillé de l'eau baptismale, elle superpose l'onction du chrême divin. « Les lettres mys-
« térieuses qui avaient été gravées au moyen
« de l'eau sur cette âme, cette fois, par l'em-
« ploi de l'huile sainte, sont comme burinées
« plus profondément. Ce phénomène surnatu-
« rel marque le passage de la famille dans la
« milice, l'enfant devient soldat. » Enfin le chrétien appelé par Dieu monte à cette dignité sublime qui le configure plus pleinement au Christ « Au prêtre il a été donné beau-coup ; au prêtre il sera beaucoup demandé. »

L'éloquent Prélat retraça ensuite les devoirs qu'imposent au chrétien le Baptême et la Confirmation, puis il décrivit les graves obligations du prêtre, mêlant à son discours les allusions les plus délicates pour les clercs de l'assistance et pour les deux familles du nouveau prêtre et de notre jeune privilégié.

Celui-ci avait écouté avec une attention religieuse les paroles du Pontife. « M. Aubrun, « racontait *l'Univers* de ce jour, est orphelin. « Il a le visage pur, l'allure modeste et re- « cueillie. Son cœur semblait suspendu aux « lèvres de Celui qui le confirmait dans la foi « de Jésus-Christ. »

Hélas! cette homélie devait être une des dernières prononcées par notre si vivement regretté Père en Dieu. André fut le dernier qui ait reçu de ses mains le sacrement de Confirmation.

Un mois après, jour pour jour, Monseigneur le Cardinal Pie mourait à Angoulême, ravi inopinément à l'affection si vive de tous ses diocésains, et à l'admiration de l'Eglise entière.

Quelques jours avant cette catastrophe, Son

Eminence, de retour à Poitiers, avait remis à notre heureux André, en souvenir de la belle fête, une riche *Imitation de Jésus-Christ*, avec cet autographe :

« A mon cher André Aubrun. Souvenir du dimanche 18 avril 1880, et de la Confirmation reçue dans l'église Sainte-Claire à Rome.

« † L.-E. CARDINAL PIE,
« *Evêque de Poitiers.* »

Qu'ajouter maintenant à tout ce que nous venons de raconter ? Comment cet enfant pouvait-il assez bénir Dieu de toutes les faveurs dont il avait été l'objet ? Rien n'avait manqué pour enrichir son âme. Il était bien de ceux « à qui il a été beaucoup donné ».

✝

III

« La vertu, dit saint Basile, est un chemin qui gravit vers le sommet des montagnes ;
à mesure qu'il monte, il devient plus riant,
mille odeurs de plantes et de fleurs le rendent
délicieux. » On peut dire que telle est la voie
tracée par Dieu à son jeune prédestiné : à
mesure qu'il avance dans la vie, la part lui
est faite plus belle, et tout lui vient sourire, en
le conduisant au ciel.

Peu de jours après la cérémonie de la Confirmation, André revint à Poitiers, et, par
suite de la mort de M. Aubrun, passa sous la
tutelle de Madame Fey, sa grand'mère maternelle. Il allait avoir douze ans.

On le fit entrer comme élève externe au

Collège Saint-Joseph, dirigé par les Pères de
la Compagnie de Jésus. André entra en cin-
quième ; il allait faire ses humanités quand
Dieu le trouva mûr pour une autre vie.

Essaierons-nous de le suivre dans le détail
de cette vie de collège ? Comment arriver à
peindre un tableau dont toute la grâce aimable
doit consister dans la simplicité ? Nous dirions
volontiers, avec un de ses maîtres, « que c'est
« une tâche difficile de rendre saisissable ce
« qui n'a guère pu qu'être senti par ceux qui ont
« eu la joie de le connaître. » — « Rien n'est
« délicat à rendre comme la délicatesse, rien
« n'est malaisé à expliquer et à définir
« comme ce qui est simple et inondé de lu-
« mière ! » De cette physionomie ravissante
d'enfant « on ne peut tracer qu'une impar-
faite esquisse, puisque les traits saillants
y manquent, et que tout son charme réside
dans la pureté des lignes et l'harmonie des
contours ».

Toutefois, dans cette simplicité même, il y avait tant de dons aimables, tant de marques des attentions divines, qu'il y aurait beaucoup à dire pour raconter tout ce que Dieu a fait dans cette âme d'enfant.

André, nous l'avons déjà dit, avait l'intelligence prématurément développée et une très grande vivacité d'esprit. Dans ses récits, dans ses conversations, il savait dramatiser à merveille, et conservait à chaque chose sa couleur, à chaque personne son langage, son caractère et même ses défauts.

Mais, pour tirer parti des dons les plus riches, il y faut joindre un travail suivi. La constitution délicate du pauvre enfant, les exigences de son état maladif ne lui permettaient guère des efforts longuement soutenus ; souvent l'énergie de son activité se trouvait paralysée.

A certains jours, les dictionnaires lui semblaient lourds à manier. |Le grec et le latin devenaient à ses yeux des inventions médio-cres. Il fallait d'héroïques efforts pour concentrer son attention sur la version ou sur le thème. « Si vous saviez, disait-il parfois avec enjouement, si vous saviez comme j'ai *la flemme !* employant un mot que l'on rencontre plus facilement dans la langue écolière que dans les vocabulaires de l'Académie.

Toutefois il savait se vaincre, et se brouillait assez avec dame *la Flemme* pour être au moins un bon élève et tenir dans sa classe un rang très honorable. « C'était un charmant enfant, nous a dit son professeur, il donnait tout ce que sa santé lui permettait de donner. Aussi nous l'aimions beaucoup, et il nous aimait. »

Au moins la faiblesse de sa santé ne put nuire au développement des excellentes qualités de son cœur. « Dès le premier entretien que j'eus avec André, dit le R. Père qui avait la direction de son âme, je reconnus un enfant qui avait reçu une éducation toute chrétienne, qui comprenait et goûtait les choses du bon Dieu. Il était animé d'une grande bonne volonté, que le Saint-Esprit communique d'ordinaire aux âmes dociles aux inspirations de sa grâce. Aussi, sous l'influence de cette bonne volonté, il a toujours conservé une conduite droite et franche, ennemie de tout détour.

« A son entrée au collège, il se posa en bon élève. Dès lors sa conduite fut constamment régulière, et je puis ajouter exemplaire, jusqu'au jour où il fut arrêté par la maladie. C'est ce qu'attestent les cahiers de Saint-Joseph où l'on conserve les notes des élèves. »

Dans les établissements où la Religion forme la base de l'éducation, et principalement dans les collèges de la Compagnie de Jésus, on place les Congrégations pieuses au premier rang parmi les moyens d'encouragement à la piété et au travail. Ce sont des réunions composées des enfants les plus laborieux et les plus réguliers. Chaque division

a son association spéciale, dirigée par un
Père et placée sous le vocable du saint Enfant-
Jésus, des saints Anges ou de la sainte Vierge.
Admettre un élève à en faire partie est le meilleur témoignage de bonne conduite que l'on
puisse donner ; aussi le titre de Congréganiste
est-il très envié.

Dès le premier mois de l'année scolaire,
André mérita d'être admis comme approba-
niste ou aspirant dans la Congrégation du
divin Enfant-Jésus. Il fit sa consécration le 26
décembre 1881.

On sait l'odieuse persécution qui, depuis cette
époque, ferma le bel établissement, et arracha
des maîtres si justement vénérés à l'affection
de leurs élèves. On n'ignore pas non plus ce
qu'il a fallu de dévouement et de sacrifices
de toutes sortes pour conserver, malgré la dispersion, aux quelques enfants privilégiés un
enseignement d'une valeur inappréciable.

L'année dernière, on essaya de reconstituer

parmi les plus jeunes élèves une Congrégation en l'honneur de la sainte Vierge. André,
qui avait tant reçu par l'entremise de Marie,
demanda lui-même à en faire partie, et y fut
admis au commencement du mois de janvier
1883. L'assiduité de l'enfant aux réunions
hebdomadaires indiquait bien son attachement pour la chère Congrégation et sa filiale
dévotion envers la sainte Vierge.

« On le sentait, nous dit encore le R. Père
que nous avons cité, et l'éducation chrétienne
donnée dès les plus tendres années à ce cher
enfant par des parents pieux, jointe à une
instruction religieuse solide, avait inspiré à
André des sentiments élevés, et dirigé son
âme vers les choses du bon Dieu. »

Il était pieux, mais en lui la piété était plutôt une foi vive, une religion profonde, que la
piété expansive que l'on appelle la piété de
sentiments. Il y allait bonnement, sans apprêts,
trouvant tout simple de pratiquer le devoir.

Depuis son entrée au collège jusqu'au dernier moment, il s'est approché des sacrements avec une régularité constante. A moins d'empêchements, André se confessait à peu près tous les samedis et la veille des fêtes. Il venait de lui-même, sans qu'on eût besoin de le presser. « J'attribue, dit le R. Père Brotelande, en particulier à sa régularité dans la fréquentation des sacrements cette bonne conduite qui ne s'est jamais démentie, cette bonne volonté, cette droiture, cette simplicité et cette joie des enfants de Dieu, qu'il n'a jamais perdues, et qu'il a eu le bonheur d'emporter au Paradis. »

Il se soutenait dans cette fidélité constante par des résolutions fréquemment renouvelées. Ces résolutions étaient écrites, mais le plus souvent confiées à des feuilles volantes, elles n'ont pu être retrouvées. Il est bien à regretter qu'un jour il ait lui-même brûlé tout un album qu'il avait rempli de ses réflexions.

Nous aurions retrouvé dans ces lignes pleines d'une vive candeur l'exquise bonté de son âme.

Le fondement de si heureuses dispositions était une foi très vive. En lui les convictions étaient solides et raisonnées. Il parlait des choses d'en haut avec un sens élevé peu ordinaire chez les enfants de son âge. Le Seigneur lui avait donné « les yeux illuminés du cœur (1) » dont parle l'Apôtre, qui le rendaient savant « dans la science de la clarté de Dieu (2) ».

La foi lui donnait un grand amour pour toutes les saintes et grandes causes, en même temps qu'elle lui inspirait la haine profonde du mal.

Tout ce qui était injustice lui faisait horreur. Cet enfant ordinairement si doux, si affectueux, si charmant, s'animait jusqu'à

(1) Eph. i, 18.
(2) II Cor. iv, 15.

l'indignation, jusqu'aux termes les plus éner-
giques du mépris, quand il voyait l'iniquité
impunie ou la violence triomphante.

Les épreuves de l'Eglise et du Vicaire de
Jésus-Christ, l'usurpation du domaine ponti-
fical lui arrachaient des paroles de colère.
Lui qui avait vu Pie IX, qui avait fait sa première communion des mains de Léon XIII,
lui qui sur la tombe de saint Pierre s'était
consacré au service de l'Eglise, il en détestait
les ennemis, de toutes les puissances de son
âme. Il fallait voir comment il s'indignait
contre eux, avec quelle expression il les mau-
dissait et les couvrait de son mépris ! Il aimait
le Pape, il en parlait souvent : c'était l'objet
de ses plus saintes affections comme de ses
plus chers souvenirs; son nom béni reviendra
sur ses lèvres, jusqu'à son dernier jour, et
jusque dans l'agonie. Il aimait le Pape, mais,
dans sa foi vive, il l'aimait parce que c'est le
Pape, il l'aimait parce qu'il aimait Dieu.

Les persécutions récentes contre les Ordres religieux, et surtout les attaques suscitées contre les Jésuites avaient vivement impressionné son imagination. Elève du collège Saint-Joseph pendant la fatale année 1880-1881, il avait vu se fermer ce magnifique établissement, et enlever à ses maîtres vénérés la liberté d'enseigner et de se réunir.

La reconnaissance de l'enfant devait suivre les persécutés dans leur dispersion.

Aux R. P. de la Compagnie de Jésus appartient la gloire d'avoir formé le premier corps enseignant de notre pays. Ils sont des maîtres dans l'art de l'éducation, comme dans tout ce qui tient à la cause catholique : Sciences ou Lettres, Théologie ou Controverse, Prédication ou Direction des âmes, ils savent exceller dans tous les genres de combat. Toujours les premiers à la peine, ils portent un nom glorieux qui a le privilège d'attirer toutes les haines; et dans chaque persécution, à eux revient l'honneur de donner les premiers martyrs.

Leurs élèves le savent, et ils en sont fiers. Et d'ailleurs, l'éducation qu'ils donnent a ce précieux mérite d'établir une affection étroite et durable des maîtres pour les élèves et des élèves pour les maîtres. Ceux-ci sont Religieux ; ils ont tout quitté, pour se dévouer, corps et âme, au bien que Dieu leur confie. S'ils ont pour eux la richesse du savoir et l'heureux choix des méthodes, ils ont surtout la grâce qui anime leur travail et féconde leurs œuvres ; au delà de l'intelligence ils voient le cœur dont la formation est l'œuvre importante. Chez eux, le maître n'est pas seulement le Professeur, il est le Père, justifiant pleinement ce nom si doux, consacré par la Religion et béni par la reconnaissance. Rien ne saisit le cœur comme le dévouement : de là les sentiments des enfants pour leurs Pères, de là ce lien étroit qui les rattache à leur tant aimé collège.

Ce qu'André éprouvait pour ses maîtres était plus que de l'affection, c'était un vrai culte. Il s'était fait gloire d'être resté leur élève, et il ne fallait point les attaquer devant lui. Il avait sa manière à lui de montrer à tous l'amour qu'il leur portait. C'est ainsi (qu'on nous pardonne ce détail) qu'il se plaisait à traverser les rues de la ville avec sa vieille casquette d'uniforme qui, bien qu'un peu endommagée par un usage de trois années, avait pour lui le singulier mérite d'afficher les sentiments de son âme. C'est sous ce drapeau d'un nouveau genre qu'il eut à subir, il y a trois ans, un véritable assaut dont l'issue, du reste, fut à son avantage.

« Un soir qu'il revenait seul, raconte M. l'abbé Thibault, je le rencontrai dans une rue. Il était rouge et paraissait agité par une vive émotion. « Qu'avez-vous donc, mon cher « André? lui dis-je. » — « Monsieur l'abbé, je « viens de me battre. » — « C'est-à-dire sans

« doute que vous avez été battu ? » — « Non,
« Monsieur l'abbé, j'ai été insulté par trois
« drôles, et je les ai battus. » Puis il me raconta son aventure. En revenant de classe, il
avait été reconnu, grâce à sa casquette, pour
un élève des Jésuites par trois gamins à qui
l'on apprend sans doute que les Jésuites sont
les plus grands ennemis de la patrie. Comme
il passait près d'eux, il entendit l'un d'eux lui
crier : A bas les Jésuites ! « Aussitôt, me dit-
« il, je sentis le sang me monter à la figure,
« et m'approchant du groupe, j'allai résolû-
« ment à celui qui avait poussé ce cri. Il essaya
« bien avec ses camarades de me bousculer,
« mais la colère décuplait mes forces, et je me
« mis, avec les poings et les pieds, à frapper
« dans le tas à tort et à travers. Pourquoi
« aussi, ajoutait-il, comme pour se faire par-
« donner ce manque de tenue, avait-on in-
« sulté les Jésuites ? S'il n'y avait eu que moi,
« je n'aurais rien dit ni rien fait ! » Il est dif-

ficile de comprendre comment cet enfant, qui était un prodige de faiblesse physique, avait pu réussir à rester maître du champ de bataille, et à reproduire, jusqu'à l'effusion du sang *exclusivement*, les exploits du dernier Horace contre les trois Curiaces. »

Ce trait nous prouve à quel point André savait aimer ses maîtres.

Sa délicatesse d'âme ne brillait pas moins dans ses rapports avec ses camarades. Bon et affectueux pour tous, il trouvait toujours une parole aimable, un sourire gracieux pour reconnaître l'affection des autres et témoigner la sienne. — C'était le meilleur et le plus complaisant de tous, disent unanimement ses condisciples. Sa bonté attirait d'autant plus à lui qu'il était gai, affable, causeur et sans aucune espèce de prétention. Comme il avait beaucoup voyagé, c'était plaisir de l'entendre raconter toutes les anecdotes qu'il avait classées dans sa mémoire, le tout entremêlé de traits ou de

saillies qui n'en formaient pas le moindre intérêt. « Souvent, nous dit son professeur, aux
heures de récréation, j'entendais soudain de
grands éclats de rire, la gaieté la plus expansive régnait parmi la jeunesse : évidemment
André était là, et c'est lui qui venait d'amuser
la bande joyeuse de ses bons mots ou de ses
fines plaisanteries. »

Au reste, cet enfant était si pur, si candide,
que l'affection de ses camarades prenait à son
endroit une forme particulièrement délicate.
Chez eux, c'était plus que de l'attachement, c'é-
tait du respect. Il est de ces fleurs si tendres que
l'on craint toujours d'en altérer la fraîcheur.

Telle fut au collège cette vie d'André, dont
nous n'avons pu donner que les grandes
lignes.

Ces quelques traits suffisent déjà pour
nous faire entrevoir ce qu'il était au sein de
la famille.

Si au dehors l'enfant était doux, quelle

devait être la bonté de son cœur envers ceux qui à la maison l'entouraient de leurs soins ? Il trouvait là des dévouements trop généreux et des affections trop vives pour ne pas aimer beaucoup la vie d'intérieur. Quand la classe était terminée, il n'y avait pas de meilleure jouissance pour lui que de revenir auprès de sa grand'mère, ou d'aller raconter à sa tante les événements de la journée et toutes les histoires de la classe. En dehors de là, il employait son temps à faire ses devoirs, à lire, ou encore à dessiner. Il avait pour manier le crayon des dispositions toutes spéciales : aussi passait-il des heures à esquisser des paysages, et même à faire des portraits. Quelques-uns de ses essais indiquent dans cette main encore novice de véritables aptitudes. Il s'occupait également de ses jeunes cousins qu'il aimait ; il partageait leurs petits jeux, et se servait de son ascendant pour leur faire, à l'occasion, de vraies mais bien affectueuses morales.

Si bon pour les autres, André savait parfaitement s'oublier. Il était pour ce qui le concernait lui-même d'une indifférence étonnante. L'enfant en général parle souvent de l'avenir. Sans doute l'insouciance naturelle au jeune âge ne lui fait point voir les épreuves qui lui sont réservées ; au moins se préoccupe-t-il des joies qui l'attendent. Volontiers il caresse des projets, se berce d'espérance , il se voit dans telle ou telle position , qui lui a sourit, sous tel ou tel uniforme, qui a ébloui ses yeux. Rien de tout cela chez André. Il avait dit souvent qu'il serait prêtre, il avait demandé cette grâce au jour de sa première communion. Le plus souvent, dans les dernières années, il disait de préférence que l'avenir n'était pas fait pour lui. « Je ne vivrai pas, disait-il s uvent, ma carrière s'achèvera bien courte. » Et il disait cela sans regret comme sans tristesse.

Un jour, il rencontra une image pieuse dont

le sujet le frappa vivement. Elle a pour titre : *Une fleur pour le ciel*. Notre-Seigneur vient de cueillir un lis d'une blancheur éclatante. En parlant de la fleur qu'il tient à la main, le bon Maître dit ces paroles : « Je l'ai cueillie avant qu'aucun souffle brûlant ait pu ternir sa pureté ». Au revers de l'image, on lit quelques réflexions sur le bonheur de mourir jeune et pur. « Savez-vous ceux qui « possèdent ici-bas la plus grande sagesse ? « Ce sont ces cœurs jeunes et purs, ces « enfants de Dieu qui, par désir du Ciel, aiment « et désirent la mort. — Aimer la mort, pour « eux c'est *aspirer à la vie...* Ils veulent « mourir jeunes, parce qu'ils ont hâte de « vivre... »

André rencontra cette image à l'époque où mourut la jeune enfant dont nous avons parlé plus haut. Il l'adressa à la tante de celle-ci, en témoignage de respectueuses condoléances.

L'enfant, dans sa simplicité, ne savait pas que lui aussi était le lis bien pur que le Seigneur allait transplanter bientôt dans les jardins du ciel.

IV

Dans le courant de juillet dernier, André revint de classe fatigué. Il était abattu, et sous le poids d'une lassitude générale. On crut d'abord à une légère indisposition. C'était le commencement d'une maladie ou plutôt d'une suite de maladies qui devaient aboutir à un fatal dénouement. Bientôt les symptômes de la fièvre muqueuse s'annoncèrent, fièvre d'ailleurs bénigne, et qui ne donna point de sérieuses inquiétudes. Elle suivit son cours, et grâce aux soins prodigués, après plusieurs semaines elle finit par disparaître.

Malheureusement les forces ne revenaient pas. André demeurait toujours languissant et continuait de garder la chambre. On ne laissait pas toutefois d'espérer une prochaine amélioration, lorsque survint une bronchite, avec les malaises, fièvres, quintes de toux, qui en forment la suite obligée. L'enfant accueillit cette rechute avec son insouciance ordinaire, ne se plaignant pas de la longueur du mal, mais s'accommodant aisément de son état. Autour de lui on se désolait, on se laissait aller aux plus tristes appréhensions. André gardait son calme habituel. Il le disait souvent: il ne désirait pas guérir.

Son état resta à peu près le même, à part quelques améliorations passagères, pendant les mois d'août et de septembre. On put même, dans ce dernier mois, essayer d'un changement d'air à la campagne. Le séjour y fut de peu de durée, et à cause de la faiblesse du malade, il fallut bientôt rentrer.

Plus on allait, plus les accès de toux devenaient fréquents. Le pauvre enfant ne prenait presque aucune nourriture, et dépérissait à vue d'œil. On ne suivait que trop de jour en jour les ravages exercés par la maladie sur un organisme déjà si délicat.

Au-dessus des remèdes humains qui demeuraient impuissants, il en est d'autres que Dieu rend efficaces quand il lui plaît et selon les conseils de sa sagesse. Le Seigneur seul sait toutes les supplications ardentes qui lui furent adressées. Tous ceux qui aimaient cet enfant, et ils étaient nombreux, priaient pour lui avec la ferveur qu'inspire le vrai dévouement. Des neuvaines de messes furent célébrées : neuvaines au Cœur eucharistique, neuvaines aux âmes du Purgatoire, à sainte Radégonde, à l'Immaculée-Conception.

André s'unissait d'intention à toutes les prières. Il savait en remercier avec la délicatesse d'âme qui lui était propre. Cependant cet enfant, dont la foi était si solide, ne manifestait ni désir ni espoir. Tandis que la prière des autres devenait de plus en plus suppliante, lui demeurait assez calme et assez indifférent vis-à-vis du résultat. On eût dit qu'il demandait sa guérison, plutôt par complaisance pour les siens que comme une chose vivement souhaitée. Un jour même, on lui en fit doucement la remarque : « Nous prions de toute notre âme, « mais toi, pries-tu bien assez avec nous ?—Oh ! « oui, répondit-il, je prie beaucoup, mais je sais « bien pourquoi je prie. Je serais bien trompé, « si je guérissais. » — Il l'avait dit si souvent qu'il ne désirait pas guérir !

On écrivit à Dom Bosco, qui voulut bien prescrire une neuvaine et s'intéresser devant Dieu à la santé du pauvre enfant. Dans une lettre écrite de l'Oratoire de Turin, à la date du 23 novembre, le saint prêtre indiquait des prières au Sacré-Cœur et à N.-D. Auxiliatrice, prières qui furent commencées en union avec lui le 30, jour de la Saint-André. Dans cette même lettre, Dom Bosco ajoutait : « Soyons « pleins de confiance, et nos prières seront ex-

« aucées en la manière la plus convenable à la
« gloire de Dieu et au bien de nos âmes. »

N'est-ce pas là ce que le Seigneur a fait ? L'enfant a été enlevé à la terre, de peur que son âme ne soit souillée au contact du monde (1). Si son départ a fait couler bien des larmes, les cœurs chrétiens n'ignorent pas que le Seigneur éprouve ceux qu'il aime, et ils savent que « la douleur est un baiser du crucifix, que l'arbre dont nos croix sont faites a sa racine dans le Cœur bon et tendre de Jésus » (2).

Le reproche fait à André de ne pas désirer assez sa guérison ne doit pas nous faire croire que le pauvre enfant négligeait les exercices de la piété. Son confesseur le visitait souvent et entretenait dans son âme des dispositions de plus en plus généreuses.

Le R. Père qui était son professeur, M. l'abbé

(1) Sap. iv, 11.
(2) Mgr Gay, *De la Douleur chrétienne*.

Thibault, et d'autres prêtres amis le venaient voir fréquemment. « Je ne vois que des prêtres », disait-il aimablement. Sa foi lui donnait pour eux un grand respect et une bien vive affection. Il eut la grande joie de revoir aussi dans ce même temps M. l'abbé Méon, venu à Poitiers pour encourager l'enfant, à qui il avait déjà fait un si grand bien. Les trois jours consacrés par lui à André furent pour ce dernier une véritable fête du cœur.

Aux approches de la Toussaint, les forces revinrent un peu, et un mieux assez sensible se manifesta. André en profita pour célébrer la belle fête et se préparer à recevoir Notre-Seigneur. Il put aller en voiture jusqu'à la chapelle établie dans la maison de sa tante. Là fut célébrée pour lui une messe qu'il entendit, et avant laquelle il eut le bonheur de faire la sainte communion. L'enfant était au comble du bonheur. Il revoyait ce sanctuaire qu'il affectionnait beaucoup, mais surtout il possédait le

Cœur eucharistique qu'il aimait tant ! Que lui
dit ce « Cœur silencieux voulant parler aux
hommes (1) » ? André sortit de là ravi, l'âme
embaumée. Le corps lui-même ne sentait plus
son mal.

L'enfant se trouva si bien, qu'on profita de
ce mieux inespéré pour essayer d'une course
plus longue. Il fut conduit en voiture jusqu'à
l'église de Sainte-Radégonde, pour y faire un
pèlerinage. Le malade fut assez fort pour des-
cendre dans la crypte et prier au saint tombeau.
Mais, hélas ! ce devait être sa dernière sortie.

Peu de jours après, son état s'aggrava sensi-
blement. La faiblesse devint extrême, et la
voix de plus en plus couverte. Ainsi le pro-
grès du mal continua, s'accentuant de jour en
jour jusqu'à la fin de novembre.

Dieu l'attendait, tout en faisant en lui son
œuvre. Chaque journée apportait avec elle une

(1) Invoc. au Cœur Euch.

nouvelle grâce, afin d'achever la purification de cette âme que le ciel convoitait.

D'ailleurs André l'avait souvent dit : « Je « voudrais mourir après une longue maladie, « afin d'être mieux préparé. Je le demande « souvent au bon Dieu. »

Et puis n'était-il pas l'enfant de la Vierge sans tache! N.-D. de Lourdes, l'Immaculée Conception avait semblé lui sourire dans bien des jours de sa vie. Elle sera là au dernier instant. C'est dans l'Octave de sa fête que l'adolescent soutiendra ses derniers combats.

Au commencement du mois de décembre, la maladie prit un caractère des plus graves. On ne croyait pas toutefois à une issue si rapprochée.

Mademoiselle Aubrun eut alors la pensée de partir pour Lourdes, et d'aller le 8 décembre faire violence au cœur de la sainte Vierge. L'enfant, qui avait été presque indifférent pour tout ce qui concernait sa guérison, sou-

rit davantage à ce dernier projet. Il y revint
plus d'une fois, jusque dans le délire des derniers jours, où il voyait sa bonne tante en prières devant la grotte. Le jour de l'Immaculée-
Conception, la neige couvrait la terre. Des
obstacles sérieux étaient survenus. La faiblesse du malade s'augmentait rapidement.
On devait tout appréhender. Le départ de
Mademoiselle Aubrun fut donc impossible.

Le dimanche 10 décembre, André se pré-
para pour le lendemain à la sainte Communion.
Toutefois il était permis d'espérer qu'il se
maintiendrait dans le même état encore quelques jours. Hélas! quand le lendemain le
prêtre vint lui donner le saint Viatique, il dut
penser en même temps à l'Extrême-Onction.

Le lundi matin, après une messe célébrée à
l'intention du pauvre enfant, le prêtre apporta
au cher malade Celui qui est le soutien de
ceux qui souffrent. Comment raconter cette

scène toute embaumée d'innocence, toute par-
fumée des joies eucharistiques?

Pour André, en effet, c'était une fête. Il n'y
avait rien de triste dans son cœur. On put crain-
dre un moment que les accès d'une toux per-
sistante ne lui permissent pas de recevoir la
sainte Communion. « Ne craignez rien, disait-
il, je sais bien que je le pourrai. » Il n'aurait
pas voulu pour tout au monde se résigner à
pareille privation. Calme et souriant, il suivait
tous les préparatifs… Enfin le prêtre entra en
prononçant les paroles de paix : « *Pax huic
domui* ». Le ciboire fut déposé sur le gracieux autel improvisé dans la chambre du
malade. Puis, lorsque les prières eurent été
récitées, la blanche hostie apparut à ses yeux.
Nous n'oublierons jamais ni son regard limpide
arrêté sur la divine Eucharistie, ni le reflet
de joie sainte qui animait son visage.

André écouta attentivement la petite moni-
tion qui lui fut adressée. A cause de l'aggra-

vation rapide du mal, il avait fallu agir promptement, sans avoir le temps de garder trop les ménagements ordinaires. Toutefois, quand on lui parla de l'Extrême-Onction, pas une expression de tristesse ne parut sur ses traits. En lui il y avait une paix inaltérable : c'était la confiance, l'abandon complet entre les mains de Dieu. Il suivit toutes les cérémonies avec une foi vive et un respect profond. Quand tout fut terminé, le prêtre s'entretint encore avec lui, s'unissant à son action de grâce et remerciant le Jésus qui vivait dans sa poitrine. L'enfant lui dit des paroles ravissantes qui témoignaient de sa résignation à la volonté divine : « Si Jésus vous demande bientôt le sacrifice complet de vous-même, vous le ferez généreusement, n'est-ce pas? — Oh! oui, répondit-il, bien certainement. » Et il se mit à parler avec une paix, un calme indescriptibles. Aux remarques qu'il fit sur tout ce qui venait de se passer, il fut facile de juger combien sa foi était vive, et solide, son instruction religieuse.

Toutefois André, sans compter sur sa guérison, n'avait pas encore bien compris que le terme était très proche. Il avait remercié Notre-Seigneur, sans pleinement savoir qu'il ne le reverrait qu'au ciel.

A tous ceux qui le visitèrent ce jour-là, il raconta ses joies du matin. Il avait été si heureux !

Pendant que lui-même souffrait sur son lit de douleur en goûtant les consolations divines, à Poitiers un autre malade était à l'agonie et refusait absolument le ministère du prêtre. Quelqu'un en parla autour du lit d'André ; ce qui fit à celui-ci une pénible impression. Il s'y intéressa vivement et en demanda souvent des nouvelles. Jusque dans le délire on l'entendait s'écrier : « Mourir sans sacrements ! quel malheur ! Est-il possible de mourir sans voir le prêtre ! » A ses yeux, il n'y avait pas d'ingratitude plus noire que celle de l'homme qui méprise les bienfaits du Dieu plein de miséricorde. Le cher malade savait trop combien la visite de Jésus Eucharistie réjouit le cœur éprouvé, pour ne pas souhaiter ardemment pour les autres cet immense bienfait.

Celui dont l'enfant déplorait ainsi l'incrédulité manifesta, peu de jours après, de meilleures dispositions, et mourut très chrétiennement. Peut-être cette conversion inespérée est-elle due aux prières et aux dernières souffrances de cet ange innocent.

L'état de celui-ci demeura le même pendant les deux jours qui suivirent. Il souffrait, mais avec une patience de plus en plus grande. Délicat envers tous, il remerciait pour la moindre chose les Sœurs garde-malades qui lui donnaient leurs soins.

Son professeur et son confesseur le venaient voir chaque jour. M. l'abbé Thibault lui avait apporté du Monastère de Sainte-Croix une relique précieuse : la croix de métal que sainte

Radégonde appliquait brûlante sur sa poitrine. André ne quittait pas un objet si digne de sa dévotion. D'ailleurs, outre le scapulaire, l'enfant portait sur lui une relique de la même sainte, des médailles du Cœur eucharistique, de la sainte Vierge, et de saint Joseph.

Le mercredi soir, le malade devint beaucoup plus faible. Il était fréquemment assoupi et parlait peu.

Le lendemain, jeudi, le délire commença, entremêlé d'ailleurs de moments très lucides. Dans le délire lui-même tout semblait suivi et indiquait la direction ordinaire des pensées d'André. Il se préoccupait de ceux qui lui étaient chers, ou encore le souvenir de Lourdes lui revenait fréquemment. « Tu es à Lourdes, disait-il à sa tante, et je vois que tu pries pour moi. »

Le soir du même jour, comme on le trouvait beaucoup plus mal, on jugea prudent de ne plus différer l'Indulgence plénière *in articulo*

mortis. Saisissant un moment de calme, le prêtre le disposa à la réception de cette nouvelle
grâce. André sut alors que le moment approchait. Son sacrifice fut fait entier, généreux,
simplement et sans crainte. « Demandez, dit-
il, que ce soit bientôt. » Avant de prononcer
les paroles de la Bénédiction Apostolique, le
prêtre lui présenta le crucifix. « L'aimez-vous
bien ? lui dit-il. — Oui, répondit le malade en
regardant la croix, j'aime bien Celui qui a souf-
fert dessus. » Les larmes coulaient autour de
lui. André demeurait dans une parfaite sé-
rénité.

Le cher enfant fut alors pour les siens bon
et affectueux, comme il l'avait toujours été. Il
y eut près de lui de ces scènes de tendresse
que le cœur comprend, mais que la plume ne
peut raconter. Le souvenir en demeure dans
l'âme comme l'écho d'une mélodie plaintive,
mais comment le redire ? André avait près de
son lit sa grand'mère vénérée, dont le dévoue-

ment sut trouver des forces jusqu'au bout. Plus d'une fois le malade avait dit gracieusement : « Soignez bien Mère ; elle se fatigue pour moi et se donne beaucoup trop de peine ».

Le jeudi soir, apercevant sa tante qui pleurait, il l'appela, et lui dit, avec une douceur inexprimable : « Tu pleures ! Est-ce moi qui te fais de la peine ? Mets ta main sur ma tête, ta joue sur ma joue, et là dis-moi bien ce qui te fait pleurer. » Et il continuait : « De grâce, je t'en conjure, je t'en supplie, dis-moi ce qui te fait de la peine. Si tu ne me le dis pas, je pleurerai toute la nuit. » C'était déchirant, et les larmes coulaient de tous les yeux.

La nuit se passa sans incident. Dès le matin du lendemain, le malade commença à parler plus difficilement. Il eut encore le délire, mais son imagination ne s'occupait que de choses saintes. Vers 10 heures, il appela le prêtre ami qui était près de lui. C'était pour lui parler du Pape. Le nom de Léon XIII revenait sur ses lèvres. Rome vivait encore dans sa pensée. « Léon XIII, mon enfant, lui dit le prêtre, vous enverra aujourd'hui même sa bénédiction. La dépêche arrivera dans quelques heures. » Un éclair de joie brilla sur son visage. Il eut soin même de s'informer par quelle précieuse entremise lui arrivait cette grande faveur. Ce devait être là sa dernière conversation.

Grâce à la médiation de Son Exc. Mgr Mercurelli, si bon dans maintes circonstances, le Saint-Père accorda ce même jour la bénédiction apostolique. Le télégramme, signé du Cardinal Jacobini, secrétaire d'État, arrivait au moment où le pauvre enfant rendait le dernier soupir. Rien ne devait manquer à cet ange du bon Dieu

Vers 11 heures, l'agonie était commencée et les souffrances étaient très vives. Pendant que l'âme conservait son calme, la lutte physique semblait terrible. L'enfant prononça quelques paroles qu'on ne put arriver à saisir. Les

assistants avaient le cœur déchiré de le voir
ainsi crucifié, sans pouvoir lui apporter aucun
soulagement.

A trois heures ses yeux s'ouvrirent. « Désires-
tu quelque chose? lui dit sa tante. — Je veux
te voir », répondit-il en jetant sur elle un regard bien affectueux.

Toute la journée, son confesseur et d'autres
prêtres amis se succédèrent près de lui. Ils
l'assistaient de leurs prières, lui faisaient baiser
le Crucifix, ou lui suggéraient de picuses pensées. Une heure avant le dernier soupir, André
répondit encore : « Jésus, Marie, Joseph ». Ce
furent ses dernières paroles.

Il souffrait beaucoup et le combat se prolongeait sans lui laisser un instant de repos. Evi-
demment le bon Dieu achevait de le purifier.

Le soir, à sept heures et demie, le pauvre
enfant fit des efforts plus violents afin de pouvoir respirer. C'était la dernière lutte qui se
prolongeait de plus en plus pénible.

Enfin on sentit que l'heure était venue. André reçut une dernière absolution. Puis tout à coup le bruit de sa respiration haletante cessa de se faire entendre. Le cœur ne battait plus. Tout était consommé. André était entré dans son éternité.

André Aubrun avait quinze ans.

Mon Dieu, qui dira jamais le mystère de cette heure solennelle, où vous entrez en jugement avec vos serviteurs ? Le silence régnait, troublé seulement par les larmes et les sanglots. Et vous étiez là, ô Seigneur ! On sentait votre présence. Toutefois les cœurs, s'ils étaient attristés, n'étaient pas dans l'angoisse. Le juge suprême était Celui qu'André avait aimé, dans lequel il avait espéré ; Celui dont les bienfaits l'avaient poursuivi avec une adorable miséricorde.

Des prières bien ardentes furent récitées. Puis des mains pures et consacrées rendirent à l'enfant les derniers devoirs.

Qu'il était beau sur son lit mortuaire ! Ses

yeux étaient baissés, ses lèvres légèrement souriantes, sa tête un peu inclinée du côté droit. Une croix reposait sur sa poitrine. Un chapelet entourait ses mains jointes. Nous n'oublierons jamais l'expression de ce beau visage que la mort n'avait point changé. Ce n'était pas le calme du sommeil ; c'était plutôt le recueillement de la prière, la paix inaltérable des saints dans l'action de grâces eucharistique.

« C'est saint Louis de Gonzague ! » disaient toutes les personnes qui venaient près de lui. Et en effet il était impossible, en le voyant, de ne pas se rappeler l'ange de la candeur et de la vertu.

« Je vis, chante le poète du *Paradis*, un fleuve éclatant de lumière, qui coulait entre deux rives ornées des fleurs d'un admirable printemps. De ce fleuve sortaient des étincelles qui se mêlaient à ces fleurs, et leur donnaient le brillant de rubis entourés d'or ; mais bientôt ces étincelles, comme enivrées d'une odeur céleste, se rejetaient successivement dans le gouffre merveilleux, tandis que d'autres en sortaient à leur tour. » — Et plus loin Dante décrit la chaste génération des Vierges sous la forme d'une rose immense, d'une blancheur éclatante et de la plus ravissante beauté. Chaque rang de pétales est formé par les âmes dont l'innocence a fait la gloire. « Et les Anges aux ailes d'or descendaient vers la fleur, semblables à un essaim d'abeilles, et communiquaient aux âmes la paix et l'amour qui les enivraient (1). »

Près du lit, où était au milieu de blanches couronnes, la virginale dépouille, on ne pouvait rêver qu'aux joies du séjour éternel. C'est bien ainsi que dorment ceux que la mort a fait arriver à la vie ; ainsi reposent ceux qui dans le ciel « suivent l'Agneau partout où il va, et

______

(1) Dante, *Le Paradis*, chants xxx et xxxi.

chantent les cantiques que nul autre ne saurait redire ». Ils sont illuminés par Dieu, ils vivent avec les Anges. L'œil de l'homme n'a pas vu, l'oreille n'a pas entendu l'inénarrable félicité dont ils jouissent.

Près de cet enfant si pur, les larmes versées étaient douces, l'espérance soutenait les âmes, on se sentait rapproché du ciel.

Dans les grandes peines, Dieu envoie parfois des consolations ineffables. Des rayons de lumière descendent au milieu de nos ombres ; Dieu soutient, Dieu réconforte. L'âme s'étonne de se sentir vivre sous le poids d'un fardeau qu'elle croyait trop lourd. « Le monde, dit saint Bernard, voit la croix, et ne voit pas l'onction.»

« Ce que Dieu met dans les cœurs qu'il dé-
« chire est inénarrable... Quelle miséricorde
« de nous faire trouver la grande paix dans
« la plus grande douleur ! Ce sillon terrible ,
« creusé au milieu du cœur, se remplit d'une

« semence de foi, d'espérance et d'amour (1). »

Le corps, qui se conserva sans aucune altération, fut inhumé seulement le lundi 17 décembre. Les funérailles furent célébrées au milieu d'un cortège considérable de parents et d'amis. Les camarades d'André, élèves de son cher collège, tenaient les cordons du poêle. De nombreuses couronnes blanches recouvraient le cercueil.

Ici notons un dernier détail. Dans l'église où se firent les obsèques, la Vierge du maître-autel dominait les tentures de deuil, et se détachait sur ce fond de sombres draperies comme une consolante apparition. C'était la Vierge de Lourdes, dont nous avons rencontré plus d'une fois la gracieuse image dans ce récit. Elle devait se montrer à ce dernier jour, comme un signe d'espérance, et donner comme un dernier sourire à l'enfant bien-aimé.

(1) L. Veuillot. *Correspondance,* t. I, p. 356.

André repose auprès de son père et de sa mère, qui l'ont précédé dans l'éternelle vie.

Et maintenant sa tombe est fermée Mais le souvenir de cet enfant « est en bénédiction devant Dieu et devant les hommes » (1).

« Il avait plu au Seigneur, et Dieu l'a aimé. Il a été ravi à la terre, de peur que son intelligence ne soit pervertie au contact du monde. Dieu s'est hâté de l'arracher aux iniquités de la terre, parce que son regard repose avec miséricorde sur ses élus (2). » Il était vraiment prédestiné, disent de tous côtés ceux qui l'ont connu et aimé.

« C'est plutôt un départ qu'une mort, écrit Mgr Gay... Dieu le gagne, il gagne Dieu. Quelle grâce de mourir jeune, et surtout dans des temps où la vie est si périlleuse ! » Aussi à la tristesse de deuil se mêlent autour de cette

(1) Sap. iv, 1.
(2) Ibid. iv, 10, 11, 14.

tombe les douceurs d'une ineffable consolation. Si on s'afflige pour ceux qui pleurent, on ne peut s'empêcher de les féliciter du bonheur dont jouit l'enfant que le ciel enviait à la terre. « Heureuse affligée ! écrit quelqu'un à Mademoiselle Aubrun, je partage tout, douleur et bonheur. » « Ne soyez pas étonnée, ajoute un autre, si toutes les lettres amies vous apportent, avec les larmes de la douleur de la séparation, cette félicitation pour le bonheur immense du cher enfant. »

Qu'il vive donc en Dieu, ce cher et bien-aimé prédestiné ! Le Seigneur l'a comblé depuis le jour de sa naissance, « il l'a prévenu de toutes ses bénédictions » (1), « il l'a sanctifié dans la foi et la douceur » (2), il l'a regardé avec une bonté admirable à chacun des jours de sa vie. S'il est vrai que les grâces

(1) Psal. xx, 4.
(2) Eccli. xxv, 4.

sont le germe de la gloire, et s'épanouissent au ciel, combien doit être belle sa couronne du paradis !

Nous prierons toutefois pour lui, quelle que soit notre espérance, et lui, dans sa joie, sera l'ange intercesseur pour les siens ; il sera pour eux comme une de ces étoiles qui luisent toujours et rendent la nuit moins sombre.

Heureux enfant, nous voyons à regret notre tâche finie. Nous l'aimions, et il nous était si doux de parler de lui et de raconter tout ce que Dieu a fait pour son âme ! Nous ne pouvons le quitter sans lui appliquer ces quelques paroles effeuillées autrefois par Ephrem, le diacre d'Edesse, sur une tombe lévitique :

« Tu étais une fleur, et combien cette fleur était aimable ! » : *Flos eras, quantum amabilis !* « La mort est venue te cueillir pour te porter sur le sein d'Abraham qui te recevra avec effusion » : *Mors te modo decerpit,*

Abrahamus patriarcha venientem effuso sinu excipiet. « Les portes du ciel s'ouvriront à deux battants pour t'introduire dans l'éternel repos, dans la joie pure et sans mélange » : *Cœli portæ patentibus foribus opperientur, ut ad æternam transmittant requiem et plenum gaudium.* C'est le droit de Dieu de reprendre ce qui est à lui, et nous ne lui devons qu'actions de grâces pour le temps qu'il nous l'a prêté ; « car il est équitable et il est juste, Seigneur, que toutes les créatures sorties de vos mains retournent vers vous pour vous rendre la louange souveraine » : *æquum et justum est ut te, Domine, omnes quas condidisti res summis efferant laudibus* (1).

Heureux André ! Puissions-nous mêler un jour notre louange à la sienne ! Puissions-nous le revoir là-haut ! Ceux que nous avons

(1) St Ephrem, *Necrosima,* Can. **xxv,** *in funere clericorum.*

aimés sur la terre, nous les aimerons au delà de la vie, car « c'est l'âme qui aime, et l'âme ne meurt pas ».

POITIERS. — TYPOGRAPHIE OUDIN.